AF466184

ÉPOQUES DES GUERRES
DE LA
RÉVOLUTION FRANÇAISE
ET DU PREMIER EMPIRE

1792-1815

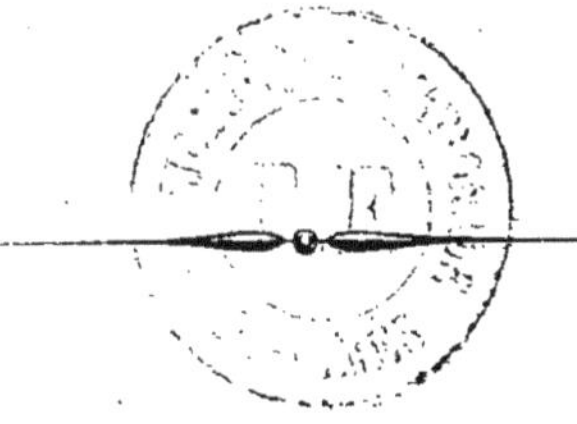

PARIS
A. DE BOYÈRES
32, BOULEVARD SAINT-MARCEL, 32

1887

ÉPOQUES DES GUERRES

DE LA

RÉVOLUTION FRANÇAISE

ET DU PREMIER EMPIRE (1792-1815)

Première coalition.

CHAPITRE PREMIER. — Année 1792.

ORIGINE DE LA GUERRE.
COMMENCEMENT DES HOSTILITÉS.

Belgique. — Combat de Quiévrain (28 avril).
Allemagne. — Prise de Porentruy (28 avril).
Belgique. — Déroute de Marquain (29 avril).
— — Combat sur la Glisuelle (13 juin).
— — Prise et reddition de Courtray (18 juin).
France. — Reddition d'Orchies (14 juillet).
— — Blocus de Landau (12 août).
— — Combat de Fontoy (19 août).
Vendée. — Insurrection des Vendéens ; prise de Châtillon-sur-Sèvre (22 août).
France. — Siège et prise de Longwy (23 août).
Vendée. — Combat de Bressuire (24 août).
France. — Siège et prise de Verdun (2 septembre).
— — Combat de Valmy (20 septembre).
Savoie. — Invasion en Savoie; prise de Chambéry (23 septembre).
— — Conquête du comté de Nice (29 septembre).
Allemagne. — Prise de Spire (30 septembre).
— — Prise de Worms (4 octobre).
France. — Siège et bombardement de Lille (8 octobre).
— — Retraite des Prussiens et reddition faite par eux de la la ville de Verdun (16 octobre).
— — Siège de Thionville (16 octobre).
— — Evacuation de Longwy (21 octobre).
Allemagne. — Prise de Mayence (21 octobre).
— — Prise de Francfort-sur-le-Mein (25 octobre).
Belgique. — Invasion de la Belgique et bataille de Jemmapes (6 novembre).
— — Prise de Mons et de Tournai (7 et 8 novembre).
Allemagne. — Combat de Limbourg (9 novembre).
Belgique. — Prise de Bruxelles (14 novembre).
— — Combat de Bois-d'Asche (17 novembre).
— — Combat et prise de Tirlemont (21 novembre).

Piémont. — Prise et sac d'Oneglia (24 novembre).
Belgique. — Combat et prise de Liège (27 novembre).
— — Siège et prise d'Anvers (29 novembre).
— — Siège et prise de Namur (2 décembre).
— — Combat et évacuation de Francfort (2 décembre).
Allemagne. — Combat de la Montagne-Verte et de Pellingen (5 décembre).
— — Retraite des Autrichiens derrière la Roër.
— — Combat de Wawren et de Hamm (15 décembre).

CHAPITRE II. — Année 1793.

Allemagne. — Combat de Hochheim (16 janvier).
Piémont. — Combat de Sospello (14 février).
— — Siège de Cagliari (21 février).
Belgique. — Retraite du corps d'armée posté au delà de la Meuse (3 mars).
Hollande. — Prise de Gertruydenberg (5 mars).
Belgique. — Combat de Tongres (5 mars).
Allemagne. — Reddition de Kœnigstein (9 mars).
Vendée. — Combat de Machecoul (10 mars).
— — Combat de Saint-Florent (12 avril).
— — Combat de Jallais (13 mars).
— — Combat de Chemillé (14 mars).
— — Combat et prise de Cholet (15 mars).
Belgique. — Combat, prise et reprise de Tirlemont (15 mars).
— — Bataille de Neerwinden (18 mars).
Allemagne. — Suite de la bataille de Neerwinden.
Belgique. — Combat de Pellemberg (22 mars).
Allemagne. — Combat de Bingen (28 mars).
Vendée. — Siège des Sables-d'Olonne (25 mars).
Allemagne. — Combat d'Ober-Flersheim (30 mars).
— — Combat et prise de Viella (31 mars).
Hollande. — Reddition de Gertruydenberg (1er avril).
Vendée. — Combat de Chemillé (11 avril).
— — Combat de Vihiers (16 avril).
— — Combat de Beaupréau (23 avril).
France. — Combat du camp d'Andaye (23 avril).
Vendée. — Combat des Aubiers (25 avril).
France. — Attaque du camp de Sare (1er mai).
Vendée. — Combat et prise de Thouars (5 mai).
— — Suite du combat de Thouars (20 mai).
France. — Suite de la retraite de l'armée de la Belgique et combat du camp de Famars (23 mai).
Vendée. — Combat de Fontenay (16 mai).
France. — Combat de Rilsheim (17 mai).
— — Combat de Thuir (19 mai).
— — Combat dans le val Carlos.
Vendée. — Combat et prise de Fontenay (25 mai).
France. — Troubles civils à Lyon (25 mai).
Belgique. — Prise de Furnes (31 mai).
France. — Combat de Baygorry (3 juin).

France. — Combat de Château-Pignon.
— — Combat et prise d'Arlon (6 juin).
Vendée. — Bataille et prise de Saumur (10 juin).
— — Combat et prise de Machecoul (20 juin).
Colonies françaises. — Révolution à Saint-Domingue. Combat et prise du Cap-Français (22 juin).
France. — Combat de la montagne de Louis XIV (22 juin).
Vendée. — Siège de Nantes (29 juin).
France. — Combats d'Ispegui et de Baygorry (1er juillet).
Vendée. — Combat du Moulin-aux-Chèvres; prise et reprise de Châtillon (5 juillet).
France. — Combat d'Ost-Capelle (8 juillet).
— — Siège et reddition de Condé (12 juillet).
Vendée. — Combat de Martigné-Briand (15 juillet).
France. — Combats de Thuir et du Mas-de-Serre (17 juillet).
Vendée. — Combats de Vihiers et de Coron; déroute de Santerre (17 juillet).
Allemagne. — Siège et reddition de Mayence (23 juillet).
Vendée. — Combats d'Erigné et du Pont-de-Cé (18 juillet).
— — Combats du Pont-Charon et de Bessay (30 juillet).
France. — Siège, bombardement et reddition de Valenciennes (31 juillet).
— — Reddition de Villefranche (4 août).
Vendée. — Combat de Doué (4 août).
France. — Siège de Cambrai (11 août).
Vendée. — Bataille de Luçon (13 août).
France. — Combat de Linselles (18 août).
— — Troubles civils dans le Midi; combats de la Durance, etc. (23 août).
France. — Combat de la Roche-sur-Yon (26 août).
— — Toulon livré aux Anglais (27 août).

CHAPITRE III. — Suite de l'année 1793.

France. — Attaque et prise du camp de Mont-Louis (27 août).
Vendée. — Attaque du camp sous Nantes (5 septembre).
— — Combat de Chantonay (5 septembre).
France. — Attaque du camp de Peyrestortes (8 septembre).
France. — Siège de Dunkerque; bataille de Hondschoote; levée du siège.
— — Combat du port Saint-Pierre (9 septembre).
— — Combat de Preux-aux-Rois (11 septembre).
Vendée. — Combat de Thours (14 septembre).
— — Combat de Doué (14 septembre).
France. — Combat du camp de Nothweiler (14 septembre).
Vendée. — Combat de Montaigu (16 septembre).
— — Combat de Coron (18 septembre).
— — Combat de Beaulieu (19 septembre).
— — Bataille de Torfou (19 septembre).
— — Combats de Montaigu et de Clisson.
— — Bataille de Truillas (22 septembre).
— — Combat de Saint-Fulgent (22 septembre).

Vendée. — Combat de Saint-Symphorien (14 septembre).
Espagne. — Prise et évacuation de Campredon (4 octobre).
— — Combat de Saint-Maurice (4 octobre).
Vendée. — Combat de Châtillon (8 octobre).
France. — Siège de Lyon (9 octobre).
Vendée. — Prise de l'île de Noirmoutier (11 octobre).
France. — Evacuation des lignes de Weissembourg par les Français (12 octobre).
Vendée. — Combat de la Tremblaye (15 octobre).
Espagne. — Combat nocturne du camp de Boulou (15 septembre).
France. — Blocus de Maubeuge et bataille de Wattignies (16 octobre).
— — Combat de Haguenau (17 octobre).
Vendée. — Bataille de Cholet (17 octobre).
— — Combat de Beaupréau (18 octobre).
France. — Combat de Gillette (19 octobre).
Vendée. — Passage de la Loire par les Vendéens (19 octobre).

CHAPITRE IV. — Suite de l'année 1793.

Vendée. — Marche des Vendéens après le passage de la Loire; combat et prise de Laval (22 octobre).
— — Combat d'Utélle (22 octobre).
— — Bataille d'Entrames (22 octobre).
Belgique. — Prise de Menin et de Marchiennes (25 octobre).
— — Reprise de Marchiennes (30 octobre).
Vendée. — Combats d'Ernée et de Fougères (6 novembre).
France. — Combat de Guise et fin des opérations de l'armée du Nord en 1793 (8 novembre).
Vendée. — Siège de Granville (14 novembre).
France. — Reddition du fort Vauban (14 novembre).
Vendée. — Combat de Pontorson (16 novembre).
France. — Attaque du fort de Bitche (17 novembre).
Allemagne. — Combat de Bliescastel (17 novembre).
France. — Bataille d'Antrain (18 novembre).
— — Combat de Castel-Gineste (24 novembre).
Espagne. — Combat de Céret (26 novembre).
Allemagne. — Combat de Kaiserslautern (29 novembre).
France. — Combat de Berstheim (9 décembre).
Vendée. — Attaque d'Angers (5 décembre).
— — Attaque et reprise de l'île de Bouin (6 décembre).
Espagne. — Combat et prise de Villelongue (6 décembre).
Vendée. — Combat de la Flèche (8 décembre).
France. — Combat de Dawendorf (10 décembre).
Vendée. — Déroute du Mans (12 décembre).
— — Combat des Quatre-Chemins (22 décembre).
France. — Siège de Toulon (18 décembre).
Vendée. — Déroute de Savenay et dispersion totale de l'armée royaliste d'outre-Loire (22 décembre).
France. — Combats et prises du fort Saint-Elme, de Port-Vendres et de Collioure (22 décembre).

France. — Combats de Freschwiler et de Werdt (23 décembre).
— — Siège de Landau; bataille de Geisberg; reprise des lignes de Weissembourg, etc., etc. (22 décembre).

CHAPITRE V. — Année 1794.

Vendée. — Combat de Machecoul (2 janvier).
— — Reprise de Noirmoutier sur les Vendéens (3 janvier).
France. — Reprise du fort Vauban (15 janvier).
Vendée. — Combats de Gauché et de Legé (15 janvier).
France. — Combat du camp des Sans-Culottes (5 février).
Vendée. — Combat de Saint-Colombin (10 février).
— — Combat de Trementine.
— — Combat et occupation de Cholet (10 mars).
— — Combat de Venansault (19 mars).
— — Attaque et occupation de Mortagne (24 mars).
Duché de Luxembourg. — Combat et prise d'Arlon.
France. — Ouverture de la campagne du Nord (24 avril).
Piémont. — Prise d'Oneglia (8 avril).
Espagne. — Combats de Blever et d'Urgel (10 avril).
Piémont. — Prises d'Orméa, Garessio, etc.
— — Prise du mont Valaisan et du petit Saint-Bernard (24 avril).
— — Prises de Saorgio, Rocabigliera, Saint-Martin, etc. (29 avril).
France. — Combat sur la frontière du Béarn (26 avril).
— — Diversion en France, combats de Boussu, de Troisville, etc. (26 avril).
Belgique. — Combats en avant de Menin et prise de cette ville (30 avril).
France. — Prise de Landrecies par les coalisés (30 avril).
Vendée. — Combat de Challans (30 avril).
France. — Combat du camp de Boulou (1er mai).
Comté de Nice. — Combat de la Briga (8 mai).
Piémont. — Combat dans les Alpes et prise du mont Cenis (8 mai).
Belgique. — Prise de Thuin (10 mai).
France. — Combat de Courtray (11 mai).
— — Bataille de Tourcoing (18 mai).
Belgique. — Combat de la Sambre (23 mai).
— — Combat de Pont-Achin (23 mai).
Allemagne. — Combats de Schifferstadt et de Kaiserslautern (23 mai).
France. — Reprise des forts Saint-Elme, de Port-Vendres et de Collioure (26 mai).

CHAPITRE VI. — Suite de l'année 1794.

France. — Combat naval entre les Français et les Anglais (1er juin).
Belgique. — Siège et prise d'Ypres; combats de Rousselaer et de Hooghlede (17 juin).
— — Combat de Deynse (20 juin).
France. — Combat de la Croix-des-Bouquets (20 juin).

Belgique. — Siège et prise de Charleroi (25 juin).
— — Bataille de Fleurus (26 juin).
— — Prise d'Ostende (1er juillet).
France. — Combat d'Arquinzun (9 juillet).
Belgique. — Combat du Mont-Paliselle; prise de Mons, de Nivelles, etc.; jonction des deux armées du Nord et de Sambre-et-Meuse (11 juillet).
Allemagne. — Combats de Schweigenheim, du Schanzel et de Trippstadt (2 au 14 juillet).
Belgique. — Occupation de Louvain et de Malines (15 juillet).
France. — Reprise de Landrecies sur les alliés (16 juillet).
Belgique. — Prise de Namur (16 juillet).
— — Siège et prise de Nieuport (19 juillet).
France (Corse). — Siège et prise de Bastia (20 juillet).

CHAPITRE VII. — Suite de l'année 1794.

Belgique. — Prise d'Anvers et de Liège (27 juillet).
France. — Combats de la vallée de Bastan (27 juillet).
Hollande. — Prise de l'île de Cadzand ou Cassandria (28 juillet).
Espagne. — Combat de Saint-Martial et prise de Fontarabie (1er août).
France (Corse). — Siège de Calvi (1er août).
Espagne. — Prise de Saint-Sébastien (4 août).
— — Combat et prise de Tolosa (4 août).
Allemagne. — Occupation de Trèves (8 août).
France. — Combat de Saint-Laurent de la Mouga (13 août).
— — Reprise du Quesnoy sur les alliés (16 août).
Belgique. — Siège et prise du fort de l'Ecluse (25 août).
France. — Reprise de Valenciennes sur les alliés (an II).
— — Reprise de Condé (29 août).
Vendée. — Attaque et prise du camp retranché de la Roulière (5 septembre).
Belgique. — Combat de Boxtel (14 septembre).
— — Combat de la Chartreuse (18 septembre).
France. — Reprise de Bellegarde (18 septembre).
Allemagne. — Combat de Kaiserslautern (20 septembre).
Piémont. — Combat de Cairo (24 septembre).
Allemagne. — Bataille d'Aldenhoven et prise de Juliers (2 octobre).
Hollande. — Prise de Bois-le-Duc, du fort de Crève-Cœur, etc. (9 octobre).

CHAPITRE VIII. — Suite de l'année 1794.

Espagne. — Invasion de la vallée de Roncevaux (17 octobre).
Belgique. — Combat d'Oude-Watering (19 octobre).
Allemagne. — Prise de Coblentz (23 octobre).
Hollande. — Prise de Venloo (26 octobre).
Allemagne. — Prise du fort de Rheinfels et fin de la campagne sur le Rhin et sur la Moselle (2 novembre).
Belgique. — Siège et prise de Maestricht (4 novembre).
Hollande. — Siège et prise de Nimègue (8 novembre).
Espagne. — Bataille de la montagne Noire (20 novembre).

Espagne. — Prise de Figuières (27 novembre).
— — Combat de Bergara; fin de la campagne dans les Pyrénées-Orientales (28 novembre).
Hollande. — Prise de l'île de Bommel et du fort de Grave (28 déc.).
France (Colonies). — Evénements dans les colonies françaises d'Amérique; prise de la Martinique par les Anglais, etc. (décembre).

CHAPITRE IX. — Année 1795.

Hollande. — Suites des opérations de l'armée du Nord; prise d'Heusden (14 janvier).
— — Prise d'Utrecht, de Gorkum, d'Amsterdam, etc., etc. (20 janvier).
— — Prise de Dordrecht, Rotterdam, la Haye, etc., et des vaisseaux de guerre hollandais par la cavalerie française; capitulation de la Zeelande (3 février).
Espagne. — Siège et prise de Roses (5 février).
Vendée. — Pacification de la Jaunais (17 février).
Hollande. — Conquête entière de la Hollande (4 mars).
— — Fin de la guerre avec la Prusse; traité de paix entre cette puissance et la France (5 avril).

CHAPITRE X. — Suite de l'année 1795.

Espagne. — Combats de Bezalu, d'Orfans et de Bascara (8 avril).
— — Ouverture de la campagne aux Pyrénées-Orientales et combat de Musquirucha (9 mai).
Piémont. — Ouverture de la campagne aux armées des Alpes et d'Italie; combat du col de Monte (12 mai).
Allemagne. — Opérations des armées du Rhin et de la Moselle sur le Rhin; blocus de Mayence, etc. (22 mai).
Espagne. — Combat de Calabuig (26 mai).
Allemagne. — Siège et prise de Luxembourg.
Piémont. — Combats de Spinardo, de Mursaco, de Vado et de Melogno (27 juin).
— — Combats de San-Bernardo, de Viosena et du col de Terme (5 juillet).
Espagne. — Combats dans la Biscaye; prise de Vittoria et de Bilbao. L'armée des Pyrénées-Orientales apprend que la paix est conclue (19 juillet).

CHAPITRE XI. — Suite de l'année 1795.

France (Bretagne). — Origine et exposé de la guerre des Chouans; catastrophe de Quiberon (20 juillet).

CHAPITRE XII. — Suite de l'année 1795.

Allemagne. — Opérations de l'armée du Rhin; passage de ce fleuve à Manheim; affaires des lignes de Mayence (29 octobre).
Piémont. — Combats du col d'Argentera et de la vallée d'Oulx (14 novembre).

Vendée. — Reprise des hostilités dans la Vendée; occupation de l'île Dieu par les Anglais; arrivée du comte d'Artois dans cette île, etc., etc. (18 novembre).
Piémont. — Bataille de Loano (23-24 novembre).
Vendée. — Combat de Saint-Cyr; prise de Belleville; situation du parti royaliste dans les pays insurgés à la fin de 1795 (fin décembre).
Allemagne. — Suite des opérations des deux armées de Sambre-et-Meuse et de Rhin-et-Moselle; évacuation de Manheim; combat sur la Pfrim, dans le Hundsrüch, etc.; armistice conclu entre les deux puissances belligérantes (21 décembre).

CHAPITRE XIII. — Année 1796.

Vendée. — Arrestation et mort des deux chefs vendéens Stofflet et Charette. Fin de la guerre civile dans la Vendée proprement dite (29 mars).
Berry. — Nouveau plan d'insurrection organisé par le comte de Rochecotte; révolte dans le Berry; occupation de Sancerre par les royalistes; combats de Sens-Beaujeu et de Palluau, etc. (1796).
Italie. — Ouverture de la campagne d'Italie; bataille de Montenotte (11 avril).
— — Bataille de Millesimo et combat de Dégo (14-15 avril).
Italie. — Combat de Vico; bataille de Mondovi et armistice conclu entre l'armée sarde et l'armée française (28 avril).
— — Passage du Pô et combat de Fombio; armistice conclu avec l'infant duc de Parme (9 mai).
— — Passage du pont de Lodi; prise de Milan, etc.
— — Armistice conclu avec le duc de Modène; conspiration de Pavie; reprise de cette ville (25 mai).
— — Passage du Mincio; combat de Borghetto; prise de Peschiera, de Vérone; commencement du siège de Mantoue (12 juin).
France. — Relation des principaux événements maritimes depuis le mois de juin 1794 jusqu'au même mois de l'année 1796.
Côtes de France.
Colonies françaises (1795).

CHAPITRE XIV. — Suite de l'année 1796.

Allemagne. — Ouverture de la campagne sur le Rhin (19 juin).
— — Passage du Rhin par l'armée aux ordres du général Jourdan; combats d'Altenkirchen, de Wetzlar, d'Uckeradt, etc.
— — Premières opérations de l'armée de Rhin-et-Moselle; affaires du Rehbach; passage du Rhin à Kehl, etc. (26 juin).

Allemagne — Affaires intérieures de l'Italie; révolte et pacification des fiefs impériaux; arrangement avec Naples, Rome et la Toscane; occupation de Livourne; capitulation de Milan; insurrection de Lugo (20 juin).

— — Batailles de Renchen et de Rastadt; suite des opérations de l'armée de Rhin-et-Moselle (9 juillet).

Vendée. — Précis des dernières opérations des Chouans; soumission successive de tous les chefs royalistes; pacification générale (17 juillet).

Allemagne. — L'armée de Sambre-et-Meuse reprend l'offensive, passage du Rhin à Neuwied; combat de Wildendorf; passage de la Lahn; combats de Camberg, de Butzbach, de Friedberg; occupation de Francfort, etc., etc. (16 juillet).

Italie. — Premières opérations du siège de Mantoue; levée de ce siège (20 juillet).

Allemagne. — L'armée de Moreau s'avance sur le Necker; opérations de l'aile droite de l'armée de Rhin-et-Moselle, aux ordres du général Férino; prise de Stuttgard; combats d'Esslingen et de Canstadt (21 juillet).

Italie. — Combats de Salo, de Lonato et bataille de Castiglione (5 août).

— — Suite de la bataille de Castiglione; combat de Peschiera dans la vallée de l'Adige; mouvements dans l'intérieur de l'Italie après la levée du siège de Mantoue, etc. (11 août).

Allemagne. — Suite des opérations de l'armée de Rhin-et-Moselle; bataille de Neresheim; combat de Kamlach entre les Français républicains et émigrés (13 août).

— — Suite des opérations de Sambre-et-Meuse; occupation de Würtzburg, de Bamberg; combats de Salzbach, de Wolfering, etc., etc. (20 août).

CHAPITRE XV. — Suite de l'année 1796.

Allemagne. — Retraite de l'armée de Sambre-et-Meuse des bords de la Nab sur Schweinfurt et combats de Teining, de Neumarck et d'Amberg (31 août).

— — L'armée de Rhin-et-Moselle passe le Danube; passage du Lech; combat de Friedberg; marche du général Moreau en Bavière; combat de Geisenfeld, etc., etc.

Italie. — Continuation du blocus de Mantoue; combat de Seravalle; combat de Roveredo, occupation de la ville de Trente.

Allemagne. — Bataille de Würtzburg. L'armée de Sambre-et-Meuse continue sa retraite jusque sur la Lahn (11 sept.).

Italie. — Opérations dans la vallée de la Brenta; passage de la gorge de Primolano; combat de Covolo; combats de Bassano, de Cerca, de Castellero; prise de Porto-Legnano;

le maréchal Wurmser se jette dans Mantoue, etc. (12 septembre).

Allemagne. — Retraite de l'armée de Rhin-et-Moselle; combat de Neuburg; attaque des Autrichiens sur Kehl, etc.

CHAPITRE XVI. — Suite de l'année 1796.

Allemagne. — Combats sur la Lahn; mort du général Marceau; l'armée de Sambre-et-Meuse se retire sur le Rhin; le général Jourdan se démet du commandement (21 septembre).

— — Continuation de la retraite de l'armée de Rhin-et-Moselle; bataille de Biberach; passage du val d'Enfer (6 octobre).

Italie. — Combats de Due-Castelli, de Saint-Georges; Wurmser renfermé de nouveau dans Mantoue; affaires intérieures de l'Italie; formation des républiques cispadane et transpadane (15 octobre).

Méditerranée. — Reprise de l'île de Corse sur les Anglais (25 novembre).

Allemagne. — Suite de la retraite de l'armée de Rhin-et-Moselle; combat sur l'Elz; affaire de Schliengen, etc. (29 octobre).

CHAPITRE XVII. — Suite de l'année 1796.

Italie. — Le général Alvinzy arrive en Italie avec une troisième armée autrichienne; situation embarrassante du général Bonaparte; affaires de la Brenta et de Caldiero (12 novembre).

— — Bataille d'Arcole; combats de la Corona, de Campara, etc.

France. — Relation des principaux événements maritimes; combat de la *Virginie;* combat du contre-amiral Sercey dans l'Inde; expédition de Richery sur les côtes de l'Amérique septentrionale; première expédition d'Irlande; combat et naufrage du vaisseau les *Droits de l'homme*, etc., etc.

Mer du Levant. — Côtes de France. — Océan Atlantique. — Océan Indien. — Méditerranée. — Côtes de l'Amérique septentrionale. — Côtes d'Irlande. — Côtes de France. — Côtes d'Espagne. — Colonies françaises.

CHAPITRE XVIII. — Année 1797.

Allemagne. — Opérations sur le Rhin; Kehl assiégé et pris par les Autrichiens (1er janvier).

Italie. — Affaires intérieures de l'Italie; l'armée autrichienne reprend l'offensive; bataille de Rivoli; combats de Carpenedolo et de Durumbano; capitulation de Mantoue; les Français marchent sur Rome; traité de Tolentino, etc., etc. (19 février).

CHAPITRE XIX. — Suite de l'année 1797.

Italie — Le prince Charles commande l'armée autrichienne en Italie; ouverture de la campagne de 1797; combats sur le Tagliamento, à Gradisca, à Tarvis, etc. (23 mars).

— — Opérations du général Joubert dans le Tyrol; combats de Cembra, de Neumarck et de Clausen; combats de Dirnstein, de Hundsmarck, etc.; préliminaires de paix signés à Léoben (15 avril).

Allemagne. — Ouverture de la campagne sur le Rhin par l'armée de Moreau; passage de ce fleuve à Diersheim; combats jusqu'à la notification des préliminaires de Léoben (22 avril).

— — L'armée de Sambre-et-Meuse entre en campagne; passage du Rhin à Neuwied, combats de Neuwied, de Dierdorf, d'Uckerath, de Wetzlar, etc.; cessation des hostilités.

Italie. — Insurrection des Etats de Venise en terre ferme; fin de cette république aristocratique (16 mai).

France. — Mort du général Hoche; pompe funèbre en l'honneur de ce général. Présentation du général Bonaparte au Directoire, etc. (10 décembre).

Seconde coalition.

CHAPITRE PREMIER. — Année 1798.

Suisse. — Insurrection du pays de Vaud contre les cantons de Berne et de Fribourg; entrée des troupes françaises en Suisse (22 janvier).

Italie. — Troubles à Rome; assassinat du général Duphot; l'ambassadeur Joseph Bonaparte quitte cette ville. Insurrection du peuple romain contre le pape. Le général Berthier entre dans Rome. Abolition du gouvernement pontifical et création d'une nouvelle république romaine, etc. (février-mars).

France. — Présentation au Directoire des drapeaux des armées du Nord et de Rhin-et-Moselle par les généraux Macdonald et Duhesme (23 février).

Suisse. — Suite des opérations des troupes françaises en Suisse; combat de Neueneck; occupation des villes de Soleure, Fribourg, Berne, etc., etc. (30 avril).

France. — Relation des principaux événements maritimes jusque vers le milieu de 1798; beaux faits d'armes de quelques corsaires; enlèvement d'un vaisseau anglais de la Compagnie des Indes par huit prisonniers de guerre français; brillante conduite d'une poignée de marins français lors de l'attaque de Ténériffe par Nelson; suite des opérations de l'escadre de Sercey; capture totale d'un corps d'Anglais débarqué près d'Ostende, etc., etc.

Côtes d'Espagne. — Côtes de France. — Mer du Nord. — Océan Atlantique. — France. — Mer du Nord. — Mer Adriatique. — Manche. — Océan Indien.

Colonies françaises. — Précis des événements militaires arrivés dans dans les colonies depuis le commencement de 1797 jusque vers le milieu de 1798.

CHAPITRE II. — Année 1798.

Méditerranée. — Préparatifs d'une expédition maritime à Toulon; réunion d'une armée sur les côtes de la Méditerranée; départ de la flotte française; attaque et prise de l'île de Malte, etc. (19 juin).

— — Arrivée de la flotte française sur les côtes de l'Égypte, débarquement de l'armée; attaque et prise de la ville d'Alexandrie, etc. (2 juillet).

Égypte. — Marche de l'armée française sur le Caire; affaire de Damanhour; combat de Chebreis; bataille des Pyramides, etc. (23 juillet).

— — Entrée des Français au Caire : combat d'El-Hanka, de Salahieh, etc. (août).

— — Combat d'Aboukir (1er et 2 août).

CHAPITRE III. — Suite de l'année 1798.

Égypte. — Opérations militaires dans la basse Egypte, etc.; message du Diretocire exécutif au Corps législatif sur l'expédition d'Egypte, etc.; fêtes du Nil, de la naissance de Mahomet et du 1er vendémiaire an VII, célébrés au Caire, etc. (22 septembre).

— — Suite des opérations militaires; Desaix s'avance dans la haute Égypte; affaires dans le Delta; combat de Mit-Kramr; combats sur le lac Menzaleh; bataille de Sédiman (7 octobre).

— — Révolte du Caire; mort du général Dupuy, du colonel Sulkowski, etc. (22 octobre).

CHAPITRE IV. — Suite de l'année 1798.

Égypte. — Système de défense du Caire et des places d'Egypte situées sur la Méditerranée; suite des opérations militaires; occupation de Suez sur la mer Rouge (novembre).

Italie. — Déclaration de guerre du roi de Naples à la France; occupation de Rome et d'une partie des États du pape par l'armée napolitaine, etc. (29 novembre).

— — Troubles dans le Piémont; occupation de la citadelle de Turin; le roi de Sardaigne abandonne le Piémont; établissement d'un gouvernement provisoire, etc. (9 décembre).

Égypte. — Suite des opérations administratives et militaires en Égypte; déclaration de guerre du gouvernement turc à la France, firman du Grand Seigneur à ce sujet; voyage de Bonaparte à Suez, etc. (31 décembre).

CHAPITRE V. — Année 1799.

Italie. — Suite des opérations dans le royaume de Naples; reddition de Gaëte; capitulation de Capoue; armistice entre les armées française et napolitaine (14 janvier).

— — Attaque et prise de Naples par l'armée française; création de la république parthénopéenne, etc. (24 janvier).

Allemagne. — Ouverture de la campagne en Allemagne; combat de Feldkirch, bataille de Stockach, etc. (25 mars).

CHAPITRE VI. — Suite de l'année 1799.

Égypte. — Expédition de Syrie; prise du fort d'El-Arich, de Gaza, de Jaffa, etc.; combat de Caïffa, investissement d'Acre, etc, (13 mars).

Italie. — Suite des opérations militaires dans le royaume de Naples; insurrection dans les provinces de la Pouille et de la Calabre; invasion de la Pouille, etc. (2 avril).

Allemagne. — Suite des opérations de l'armée d'Helvétie; Masséna est nommé commandant en chef des deux armées d'Helvétie et du Danube après la démission du général Jourdan, etc. (21 avril).

CHAPITRE VII. — Suite de l'année 1799.

Italie. — Suite des opérations militaires en Italie; l'armée russe entre en campagne; Moreau remplace Schérer; bataille de Cassano; Milan occupé par l'armée austro-russe, etc. (28 avril).

Syrie. — Continuation du siège de Saint-Jean-d'Acre; combats de Nazareth, de Loubi et de Cana; bataille du mont Thabor; Acre ravitaillée et secourue par les Anglais; levée du siège; retraite de l'armée française, etc. (21 mai).

Égypte. — Suite des opérations militaires dans la haute Égypte; combats de Souaki, de Thata; bataille de Samanhout; Mourad-Bey chassé du Saïd, combats de Thèbes, de Kéné, d'Aboumanah, de Benouth, de Béniadi, etc.; occupation du port de Kosséïr sur la mer Rouge, etc. (29 mai).

Italie. — Suite des opérations militaires en Italie; retraite de l'armée française sous Alexandrie; prise de Peschiera, de Pizzighettone par les Austro-Russes; combat entre Valence et Alexandrie; retraite des Français sous Coni, sur le col de Tende (7 juin).

Suisse. — Suite des opérations militaires en Suisse; les retranchements de Luciensteig emportés par les Autrichiens; les Français évacuent le pays des Grisons; combat sur la Tur; combat de Zurich; l'archiduc Charles occupe cette ville, etc. (8 juin).

CHAPITRE VIII. — Suite de l'année 1799.

Égypte. — Suite des événements militaires en Égypte pendant la campagne de Syrie; l'ange El-Mohdhy; mort de cet imposteur; retraite de l'armée de Syrie; retour de Bonaparte au Caire, etc. (juin).

Italie. — Suite des opérations militaires dans le royaume de Naples; retraite de l'armée française commandée par le général Macdonald; bataille de Trebia, etc. (19 juin).

— — Suite de la bataille de Trebia et des opérations de l'armée d'Italie; la citadelle de Turin se rend aux alliés; retraite de Macdonald dans l'Etat de Gênes; jonction des armées de Naples et d'Italie; reddition de la citadelle d'Alexandrie; siège et capitulation de Mantoue (30 juillet).

France. — Relation des principaux événements maritimes jusque vers le milieu de 1799; combat de la frégate la *Seine* contre trois frégates anglaises; prise du vaisseau anglais le *Leander;* seconde expédition d'Irlande ; belle défense du *Hoche*, de la *Bellone* et de la *Loire;* prise à l'abordage de la frégate anglaise l'*Embuscade* par la corvette la *Bayonnaise;* siège et prise de Corfou, etc.

CHAPITRE IX. — Suite de l'année 1799.

Égypte. — Suite des opérations militaires en Egypte; débarquement d'une armée turque sur la côte d'Alexandrie; bataille d'Aboukir, etc. (2 août).

Italie. — Suite des opérations militaires en Italie; bataille de Novi; mort du général Joubert, etc., etc. (16 août).

Suisse. — Suite des opérations militaires en Suisse et sur le Rhin; attaque sur le mont Albis et sur Zurich; expédition du général Lecourbe dans la vallée de la Reuss; occupation du Saint-Gothard; les Autrichiens tentent de passer la rivière d'Aar (17 août).

Italie. — Suite de la bataille de Novi; la citadelle de Tortone capitule; opérations du général Championnet dans les Alpes; mouvements dans l'Etat de Gênes; cette ville est mise en état de siège, etc. (17 septembre).

CHAPITRE X. — Suite de l'année 1799.

Hollande. — Débarquement d'une armée anglo-russe en Hollande; prise de la flotte hollandaise au Texel; combat du Helder et des Dunes; bataille de Bergen, etc. (1799).

Italie. — Evénements militaires dans le royaume de Naples; capitulation du fort Saint-Elme, de Capoue, de Gaëte, etc. (30 septembre).

— — Suite des opérations militaires en Suisse; marche du général Souwarof sur le Saint-Gothard; passage de la Linth et de la Limmat; bataille de Zurich; retraite de Souwarof; affaire de Constance (8 octobre).

CHAPITRE XI. — Suite de l'année 1799.

Égypte. — Suite des événements d'Egypte; Bonaparte quitte l'armée pour revenir en France; il débarque à Fréjus, etc. (9 octobre).

Hollande. — Suite des opérations militaires en Hollande; bataille d'Alkmaar et de Kastricum; retraite de l'armée anglaise; le duc d'York capitule pour évacuer le territoire batave, etc. (18 octobre).

France. — Révolution du 18 brumaire; le Directoire français est remplacé par un gouvernement consulaire; Bonaparte est nommé premier consul, etc. (9 novembre).

Allemagne. — Opérations militaires sur le bas Rhin; le général Lecourbe prend le commandement de l'armée du Rhin; blocus de Philipsbourg; combat vers le Necker et sur l'Enz, etc. (11 décembre).

Italie. — Suite des événements militaires en Italie; bataille de Genola ou Fossano; défense de l'Etat génois par le général Gouvion-Saint-Cyr, etc. (15 décembre).

CHAPITRE XII. — Année 1800.

France. — Démarches du premier consul pour obtenir la paix (1800).

Égypte. — Suite des opérations militaires en Egypte; Kléber prend le commandement de l'armée, Mourad-Bey est poursuivi dans le Saïd; les Turcs débarqués à Damiette sont défaits par le général Verdier; convention d'El-Arich pour l'évacuation de l'Egypte par les Français, etc. (26 janvier).

Italie. — Ouverture de la campagne en Italie; combats dans la rivière de Gênes et les Apennins; Savone occupée par les Autrichiens; combat de Voltri; le général Masséna bloqué dans Gênes, etc. (24 avril).

CHAPITRE XIII. — Suite de l'année 1800.

Égypte. — Rupture de la convention d'El-Arich; bataille d'Héliopolis; déroute de l'armée turque, dont un détachement se jette dans le Caire; révolte et siège de cette dernière ville; combat de Chouarah; reprise de Damiette et du fort Lesbeh; capitulation du Caire. Les Anglais sont chassés de Suez (27 avril).

Allemagne. — Ouverture de la campagne sur le Rhin; passage de ce fleuve par l'armée française; bataille d'Engen, de Mosskirch, de Biberach; combat de Memmingen, etc. (10 mai).

CHAPITRE XIV. — Suite de l'année 1800.

Italie. — Siège de Gênes, etc.
Egypte. — Situation de l'armée française en Egypte après la soumission du Caire; dispositions militaires et administratives de Kléber; assassinat de ce général par un Syrien fanatique; le général Menou prend le commandement de l'armée, etc., etc.

CHAPITRE XV. — Suite de l'année 1800.

Italie. — Commencement des opérations de l'armée de réserve; passage du mont Saint-Bernard; défense du fort de Bard; combats de la Chiusella et de Romano; passage du Tésin; les Français entrent à Milan; occupation de Lodi, de Parme; capitulation du fort de Bard; passage du Pô; bataille de Montebello, bataille de Marengo; mort du général Desaix; convention d'Alexandrie.

CHAPITRE XVI.

Allemagne. — Suite des opérations en Allemagne; combats autour de la ville d'Ulm; passage du Danube par l'armée française; bataille de Höchstett; retraite de l'armée autrichienne, etc.
— — Combat de Neuburg; expédition du général Lecourbe dans le Vorarlberg et les Grisons; prise de Peldkirch; armistice conclu à Parsdorf, etc., etc.
Méditerranée. — Siège et prise de Malte par les Anglais.

CHAPITRES XVII et XVIII.

— — Situation des puissances belligérantes après l'armistice de Parsdorf; prolongation de cet armistice; ouverture d'un congrès à Lunéville; démarches hostiles des Napolitains; insurrection de la Toscane; occupation de Florence, etc.; dénonciation de l'armistice, etc., etc.
Allemagne. — Ouverture de la campagne dite d'hiver, en Allemagne, par l'armée aux ordres de Moreau; combat d'Ampfing; bataille de Hohenlindem : passage de l'Inn; armistice de Steyer, etc.
— — Opération de l'armée dite gallo-batave en Allemagne, occupation des villes d'Aschaffenburg, Schweinfurt et Würtzburg; combats de Burg-Ebrach, de Nuremberg, de Neukirchen, etc.; cessation des hostilités, etc.
— — Opérations militaires dans le pays des Grisons et le Tyrol; passage de Splugen par l'armée aux ordres du général Macdonald; attaque du mont Tonal; combats de Zernets, de Casa-Nuova, etc.

CHAPITRE XIX. — Année 1801.

Italie. — Ouverture de la campagne d'hiver de 1800 à 1801 en Italie.

— — Fin des opérations de l'armée des Grisons; diversion opérée dans le Tyrol par le général Moncey; prise de Trente; mauvaise foi du général autrichien Laudon, etc.

CHAPITRE XX. — Suite de l'année 1801.

France. — Traité de Lunéville; préparatifs du premier consul contre l'Angleterre, etc.

Egypte. — Suite des événements en Egypte; détails sur la conduite du général Menou; expédition et débarquement des Anglais; combat en avant d'Alexandrie; prise du fort d'Akoukir; bataille de Canope; les Anglais occupent Rosette; combat et évacuation de Rahmanieh; blocus d'Alexandrie, etc., etc.

— — Le général Bellard marche à la rencontre de l'armée du grand vizir; les Français évacuent Damiette, les forts de Lesbeh et de Bourlos; mort de Mourad-Bey; convention du Caire; capitulation d'Alexandrie; fin de l'expédition d'Egypte.

— — Convention pour l'évacuation de l'Egypte par le corps de troupes de l'armée française et auxiliaire aux ordres du général de division Belliard; le général-major Hope, de la part de son excellence le général en chef de l'armée anglaise; Osman-Bey, de la part de son Altesse le suprême vizir, et Isaac-Bey, de la part de Son Altesse le capitan-pacha.

Italie. — Traité de paix définitif avec le roi de Naples; expédition de l'île d'Elbe; siège de Porto-Ferrajo, etc.

CHAPITRE XXI. — Fin de l'année 1801.

Espagne. — Situation politique du Portugal vis-à-vis de la France; mesures prises à ce sujet par le premier consul avec la cour d'Espagne, etc.

France. — Préparatifs et menaces d'une descente en Angleterre; attaques infructueuses de l'amiral Nelson contre la flottille française devant Boulogne, etc.

Vendée. — Préliminaires de paix entre la France et l'Angleterre; traités de paix entre la Russie, la Turquie, la Bavière.

CHAPITRE XXII.

France. — Changements dans le gouvernement des républiques batave, helvétique et cisalpine.

— Traité de paix entre la République française, Sa Majesté le roi d'Espagne et des Indes, et la République batave d'une part.

— — Concordat avec le pape; consulat à vie; instruction publique; institution de la Légion d'honneur.

Colonies des Antilles. — Précis de l'expédition de Saint-Domingue, première époque, jusqu'à la soumission du général noir Toussaint-Louverture.

Colonies des Antilles. — Expédition du général de Richepanse à l'île de la Guadeloupe; soumission des nègres révoltés dans cette colonie, etc.

— — Suite de l'expédition de Saint-Domingue, deuxième époque, jusqu'à l'entière évacuation de la colonie par les Français.

Troisième coalition.

CHAPITRE PREMIER. — Années 1803 et 1804.

Allemagne. — Rupture du traité d'Amiens; la France déclare la guerre à l'Angleterre ; invasion de l'Electorat de Hanovre; fuite du duc de Cambridge; convention de Sulingen; capitulation de l'armée hanovrienne.

France. — Dispositions prises par le premier consul pour pousser avec vigueur la guerre contre l'Angleterre; camp de Boulogne ; conspiration de Georges Cadoudal, etc.; Bonaparte empereur, etc.

CHAPITRE II. — Année 1805.

France. — Suite des préparatifs de descente en Angleterre; Napoléon au camp de Boulogne; il propose la paix au roi de la Grande-Bretagne, etc.

Allemagne. — Troisième coalition contre la France : l'Autriche ouvre la campagne par l'envahissement de la Bavière; l'armée française entre en Allemagne; combats de Wertingen, de Güntzburg, d'Albeck, d'Elchingen, de Langenau, de Neresheim, etc.; le général Mack capitule dans Ulm, etc.

Italie. — Ouverture de la campagne en Italie; passage de l'Adige par l'armée française ; combats de San-Michele, de Caldiro; cinq mille Autrichiens mettent bas les armes à Cara-Albertini; passage de la Brenta, de la Piave, du Tagliamento; combat de Castel-Franco, etc.

CHAPITRE III.

Allemagne. — Suite des opérations militaires en Allemagne, etc.

— — Bataille d'Austerlitz.

CHAPITRE IV. — Année 1805.

France. — Relation des principaux événements maritimes depuis la rupture d'Amiens jusque vers la fin de l'année 1805.

CHAPITRE V. — Année 1806.

Résultat du traité de Presbourg.

Italie. — Nouvelle invasion du royaume de Naples par les Français; le roi Ferdinand et la reine Caroline se retirent à Palerme; capitulation de la ville de Naples; première expédition du général Reynier en Calabre; défaite de l'armée napolitaine, dont les débris passent en Sicile; Joseph Bonaparte est nommé roi des Deux-Siciles; siège et prise de Gaëte; seconde expédition en Calabre, etc., etc.

Quatrième coalition.

CHAPITRE PREMIER. — Année 1806.

France. — Suite des événements politiques en Europe jusqu'à la déclaration de guerre de la Prusse contre la France, etc.

Allemagne. — Ouverture de la campagne; combats de Schleitz, de Saalfeld, etc.

— — Bataille d'Iéna.

— — Bataille d'Auerstadt.

— — Suite des batailles d'Iéna et d'Auerstadt; combat de Halle; Napoléon à Potsdam; entrée des Français à Berlin; déroute successive des différents corps de l'armée prussienne; capitulation de Spandau; combats de Zehdenich, de Prentzla, capitulation de Stettin; combats d'Anklam, de Lübeck, etc.

— — Reddition de Custrin, de Magdebourg; opérations du maréchal Mortier dans la Hesse et le Hanovre; armistice accordé à l'armée prussienne; décret rendu à Berlin par Napoléon qui déclare toutes les îles Britanniques en état de blocus.

CHAPITRE II. — Année 1807.

Dalmatie. — Commencement des hostilités avec la Russie; combat de Castel-Nuovo, etc., etc.

Pologne. — Combats de Czarnowo, de Nasielsk, Dyialdow, de Cursomb, de Pultusk, de Golymin.

Allemagne. — Opérations militaires en Silésie et dans le nord de l'Allemagne; invasion de la Poméranie suédoise par le maréchal Mortier; les hostilités recommencent en Pologne; combat de Mohrungen; combats de Passenheim, de Bergfried, de Deppen, de Hof; bataille de Preussisch-Eylau, etc.

CHAPITRE III. — Suite de l'année 1807.

Pologne. — Combat d'Ostrolenka, etc.

Allemagne. — Siège de Dantzig.

— — Les deux armées française et russe lèvent leurs quartiers d'hiver; combats de Spanden, de Lomitten, de Deppen, de Guttstadt, de Heilsberg, etc.

— — Bataille de Friedland.

— — Suite de la bataille de Friedland; occupation de Kœnigsberg par les Français; capitulation des places de Glatz et de Kosel, en Silésie; armistice demandé par les Russes; entrevue des deux empereurs de France et de Russie sur le Niémen; paix avec la Russie et la Prusse.

CHAPITRE IV. — Suite et fin de l'année 1807.

Allemagne. — Rupture de l'armistice avec la Suède; les Français rentrent dans la Poméranie suédoise, etc.

— — Résultats immédiats du traité de paix avec la Prusse; répartition des troupes de la grande armée; retour de l'empereur Napoléon en France; fêtes données dans Paris à la garde impériale, etc.

Italie. — Suite des événements militaires dans le royaume de Naples: siège d'Amantea, de Fiume-Freddo; combat de Mileto; prise de Cotrone, etc.

Portugal. — Préparatifs d'une seconde expédition des Français contre le Portugal; invasion de ce royaume par le corps d'armée aux ordres du général Junot; occupation de Lisbonne, etc.

CHAPITRE V.

France. — Relation des principaux événements maritimes arrivés en France pendant les années 1806 et 1807; opérations des diverses escadres et divisions des forces navales françaises commandées par les amiraux Leissègues, Linois et Willaumez, et les chefs de division Allemand et Lhermitte; combat glorieux de la frégate *la Canonnière* contre le vaisseau de ligne anglais *le Tremendous*, etc., etc.

Guerre d'Espagne.

CHAPITRE PREMIER. — Année 1808.

Situation politique de l'Europe à la fin de 1807; bombardement de Copenhague; événements en Turquie.

Italie. — Fin des opérations militaires dans le royaume de Naples; prise des places de Reggio et de Scylla.

Espagne. — Détails sur l'origine de la guerre d'Espagne; événements politiques dans ce royaume, etc.

— — Insurrection à Madrid; Murat est nommé, par décret du roi Charles IV, lieutenant général du royaume.

— — Charles IV et Ferdinand renoncent à la couronne; Joseph Bonaparte est proclamé roi des Espagnes et des Indes; réunion à Bayonne d'une junte extraordinaire pour rédiger une nouvelle constitution du royaume, etc.

CHAPITRE II.

Portugal. — Suite de la campagne de Portugal; le général Junot est nommé gouverneur général du royaume.

Portugal. — Expédition dans la province d'Alentejo; combat et prise d'Evora; débarquement d'une armée anglaise; combat de Roliça; bataille de Vimeiro; convention de Cintra; évacuation entière du Portugal par l'armée française.

CHAPITRE III.

Espagne. — Insurrection générale en Espagne; opérations des différents corps de l'armée française; catastrophe de Baylen; bataille de Medina de Rioseco; premier siège de Saragosse, etc.

CHAPITRE IV. — Années 1808 et 1809.

Espagne. — Suites des opérations militaires en Espagne.

— — Opérations militaires en Catalogne; siège et prise de Rosas par le corps d'armée aux ordres du général Saint-Cyr; défaite de l'armée espagnole à Cardadeu et au pont Molins-del-Rey, sur le Llobregat, etc.

— — Second siège et prise de Saragosse.

CHAPITRE V. — Suite de l'année 1809.

Portugal. — Le maréchal Soult entre en Portugal; combat de Monterey; prise de Chavès; bataille de Carvalho-da-Este; combat de Guimaraens; bataille et prise d'Oporto; combat d'Amarante, etc.

Espagne. — Suite des événements militaires en Espagne; bataille de Médelin; combat de Ciudad-Real, etc.

Portugal. — Suite des opérations en Portugal; l'armée anglaise s'avance sur Oporto; retraite du maréchal Soult sur la Galice, etc.

Guerre d'Allemagne.

CHAPITRE PREMIER. — Suite de l'année 1809.

Allemagne. — Guerre de la France avec l'Autriche; préparatifs des deux puissances pour entrer en campagne; commencement des hostilités.

— — Jonction du corps d'armée du maréchal Davoust avec l'armée bavaroise; bataille de Tann; combats d'Arnhofen et de Pfsflenhofen.

— — Bataille d'Abensberg; combat et prise de Landshut.

— — Bataille d'Eggmühl ou d'Eckmühl; combat et prise de Ratisbonne; retraite de l'armée autrichienne sur la Bohême, etc.

CHAPITRE II. — Suite de l'année 1809.

Allemagne. — L'armée française s'avance sur Vienne.

— — Combat de Neumarkt.

— — Combat d'Ebelsberg.

— — Bombardement et capitulation de Vienne.

— — Passage du Danube par une partie de l'armée française; mouvements de l'armée autrichienne sur la rive gauche de ce fleuve.

— — Bataille d'Essling.

Pologne. — Opérations militaires en Pologne; combat de Gora; prise de Sandomir, de Zamosc; marche d'un corps d'armée russe sur la Galicie.

CHAPITRE III. — Suite de l'année 1809.

Italie. — Ouverture de la campagne dans le nord de l'Italie.
— — Bataille de Sacile.
— — Bataille de la Piave.
— — Retraite de l'armée autrichienne sur la Carinthie; combats de San-Daniele, de Prewald, de Tarvis, de Leybach.
— — Combat de San-Michele.
Dalmatie et Croatie. — Opérations du général Marmont en Dalmatie et en Croatie.
Hongrie. — Suite des opérations de l'armée d'Italie; le prince Eugène entre en Hongrie.
— — Bataille de Raab.
Carinthie et Styrie. — Opérations en Carinthie et en Styrie; combats de Klagenfurt et Kahlsdorf, etc.
— — Combat de Gratz.
Allemagne. — Réunion de l'armée du prince Eugène à la grande armée dans l'île de Lobau.

CHAPITRE IV. — Suite de l'année 1809.

Allemagne. — Suite des opérations de la grande armée; bataille de Gross-Enzersdorf.
— — Bataille de Wagram.
— — Traité de Vienne.
— — Incursion du major Schill, chef de partisans, dans le nord de l'Allemagne; il est défait et tué dans le Stralsund.
Italie. — Diversion tentée par les Anglais pendant la guerre avec l'Autriche; expédition du général Stuart sur les côtes du royaume de Naples.
Hollande et Belgique. — Expédition du général lord Chatam à l'embouchure de l'Escaut et dans l'île de Walcheren.

Guerre d'Espagne.

CHAPITRE PREMIER. — Suite de l'année 1809.

Espagne. — Suite des opérations militaires en Espagne.
— — Bataille de Talavera de la Reina.
— — Combat du pont del Arzobispo.
— — Combat du col de Banos.
— — Combat de Tamamès.
— — Bataille d'Ocana.
— — Combat d'Alba de Tornès.
— — Suite des opérations militaires dans le royaume ou province d'Aragon; combats d'Alcaniz, de Maria de Belchite; expéditions et autres combats partiels, etc.
Espagne. — Combat d'Alcaniz.
— — Combat de Maria.
— — Combat de Belchite.
— — Suite des événements militaires en Catalogne; combat de Valls; le maréchal Augereau remplace le général Saint-Cyr dans le commandement de l'armée de Cata-

logne; prise de la ville d'Hostalrich; siège et prise de Girone, etc., etc.

CHAPITRE II. — Année 1810.]

Espagne. — Suites des événements militaires en Espagne.
— — L'armée française franchit la Sierra-Moréna et envahit l'Andalousie, etc.
— — Occupation de Malaga.
— — Siège et prise d'Astorga.
— — Opérations du 3e corps de l'armée française en Aragon et dans le royaume de Valence.
— — Siège et prise de Lérida.
— — Siège et prise de Méquinenza, etc.
— — Opérations en Catalogne; combat de Mollet; combat de Vich; combat de Villafranca; prise du fort d'Hostalrich, etc. Le maréchal Macdonald remplace le maréchal Augereau dans le commandement du 7e corps.

CHAPITRE III. — Suite de l'année 1810.

Espagne. — Troisième expédition des Français en Portugal; formation d'une nouvelle armée d'invasion sous les ordres du maréchal Masséna.
— — Siège et reddition de Ciudad-Rodrigo.
Portugal. — Destruction du fort de la Conception.
— — Siège d'Almeida.
— — L'armée française pénètre en Portugal.
— — Bataille de Busaco.
— — L'armée anglo-portugaise se retire dans ses lignes en avant de Lisbonne.
— — Les deux armées s'observent réciproquement; retraite des Français sur Santarem; passage du Zézère; reconnaissance sur Abrantès, etc.
— — Une division du 9e corps vient joindre l'armée française en Portugal, etc.

CHAPITRE IV. — Suite de l'année 1810.

Espagne. — Suite des événements militaires en Espagne; commencement du siège de Cadix.
— — Défaite des Anglais sur la côte du royaume de Grenade.
— — Combats dans le midi de l'Andalousie; affaires de Villagarcia, de Fuente-Ovejuna, de Fuente-de-Cantos, en Estramadure.
— — Opérations du général Sébastiani; les Espagnols sont battus dans le royaume de Murcie.
— — Opérations militaires au centre et dans le nord de l'Espagne.
— — Evénements militaires en Catalogne; combats de Cervera et de la Bisbal, etc.
— — Siège et reddition de Tortose.
— — Coup d'œil sur les partis espagnols connus sous le nom de *guerrillas*.

CHAPITRE V. — Année 1811.

Portugal. — Suite des opérations militaires en Portugal.
— — Mort du général espagnol La Romana.
— — Situation fâcheuse de l'armée française.
— — L'armée bat en retraite.
— — Combat de Redinha.
— — Affaires de Foz d'Arunce.
— — Combat de Sabugal.
— — Le maréchal Masséna rentre sur le territoire espagnol.
— — Bataille de Fuentès de Onoro.
— — Belle retraite du général Brenier et de la garnison d'Almeida; destruction de cette place.
— — Ouvrages imprimés et documents manuscrits consultés pour la rédaction des campagnes de 1809 à 1811.

CHAPITRE VI. — Suite de l'année 1811.

Espagne. — Siège et prise d'Olivença.
— — Siège de Badajoz.
— — Bataille de la Gevora.
— — Continuation du siège de Cadix.
— — Bataille de Barrosa.
— — Prise d'Olivença par les Anglais.
— — Premier siège de Badajoz par les Anglais.
— — Bataille d'Albufera.
— — Second siège de Badajoz par les Anglais et levée de ce siège.
— — Combat d'Elvas.
— — Opérations militaires dans le royaume de Grenade; combats de la Venta del Baul, de Baza et de Pinos del Rey.
— — Tentatives infructueuses de l'armée de Murcie et des troupes espagnoles du camp de Saint-Roch.
— — Suite des opérations de l'armée française dite de Portugal; le maréchal duc de Raguse fait lever aux Anglais le blocus de Ciudad-Rodrigo, etc.
— — Affaire d'Arroyo-Molinos.
— — Les Espagnols sont battus dans les environs du camp de Saint-Roch.
— — Siège de Tarifa.
— — Les Anglais s'avancent en Estramadure; belle retraite du capitaine Neveu.

CHAPITRE VII. — Suite de l'année 1811.

Espagne. — Porlier est battu dans les Asturies; mort du général Valletaux.
— — Attaque du convoi de Salinas et défaite d'Espoz-y-Mina en Navarre.
— — Le général Dorsenne défait l'armée espagnole de Galice sur l'Esla.
— — Le général Bonnet rentre dans les Asturies.

Espagne. — Le général Dubreton disperse les guerrillas dans la province de Santander.
— — Opérations militaires dans les provinces du centre; défaite de plusieurs bandes de guerrillas par les généraux Hugo, Lahoussaye, d'Armagnac, etc.
— — Suite des opérations des armées françaises d'Aragon et de Catalogne; prise du fort Saint-Philippe de Balaguer.
— — Combat de Tarrega.
— — Combat de Walls.
— — Tentative des Espagnols pour s'emparer du Monjuich de Barcelone.
— — Marche du maréchal Macdonald sur Barcelone; incendie de Manreza.
— — Le fort de Figuières est livré aux Espagnols par trahison.
— — Combat sous Figuières.
— — L'armée d'Aragon investit Tarragone.
— — Siège de Tarragone.
Espagne. — Tarragone est prise d'assaut.
— — Prise de Montserrat.
— — Marche de l'armée d'Aragon sur le royaume de Valence.
— — Siège du fort de Sagonte.
— — Reddition du fort de Sagonte.
— — L'armée d'Aragon resserre Valence.
— — Investissement de Valence.
— — Occupation de la ville de San-Felipe par l'avant-garde française.
— — Siège et reddition de Valence.

CHAPITRE VIII. — Année 1812.

Espagne. — Tentative infructueuse du général Montbrun sur Alicante.
— — Lord Wellington assiège et prend Ciudad-Rodrigo.
— — Suite des événements militaires en Catalogne.
— — Les Espagnols essayent vainement de reprendre Tarragone; combat d'Altafulla.
— — Suite des opérations de l'armée d'Aragon; siège et prise du fort de Peniscola, etc.
— — Troisième siège et prise d'assaut de Badajoz par l'armée anglo-portugaise.
— — Les Anglais s'emparent du pont d'Almaraz, sur le Tage.
— — Lord Wellington manœuvre sur la Tormès; prise des forts de Salamanque.
— — L'armée française se rapproche du Duéro et passe ce fleuve.
— — Le duc de Raguse reprend l'offensive.
— — Bataille de Salamanque ou des Arapiles.

CHAPITRE IX. — Suite de l'année 1812.

Espagne. — Retraite de l'armée de Portugal.
— — Suite des événements militaires en Andalousie; comba de Bornos ; surprise d'Ossuna, etc.
— — L'armée française évacue l'Andalousie et se retire dan la direction de Valence.
— — Retraite de l'armée de Portugal sur Burgos et Bri viesca.
— — Levée du siège de Burgos.
— — Poursuite de l'armée anglo-portugaise par l'armée fran çaise.
— — Suite des mouvements de l'armée française du midi le maréchal Soult marche sur le Tage; rentrée du ro Joseph dans Madrid; poursuite de l'armée anglo-por tugaise jusque sous les murs de Ciudad-Rodrigo.
— — Suite des opérations du maréchal Suchet en Aragon combat de Castalla; l'armée d'Aragon recueille le ro Joseph et ses troupes; tentative des Anglais su Denia, etc.
— — Le général Decaen bat les Espagnols en Catalogne.
— — Le général Caffarelli fait le blocus de Santona sur l côte de Santander.

Guerre de Russie.

CHAPITRE PREMIER. — Année 1812.

Russie. — Considérations sur l'origine de la guerre de Russie.
— — L'armée française passe le Niémen à Kowno; marche d l'armée sur Wilna.
— — Évacuation par l'armée russe du camp de Drissa; Napo léon quitte Wilna et s'établit à Glubokoé; position de corps de l'armée du centre à la rive gauche de l Dwina.
— — Suite des opérations du maréchal Davoust; combat d Mohilew.
— — Combat d'Ostrowno.
— — Opérations des 2e et 10e corps sous les ordres de maréchaux Oudinot et Macdonald; combats de Jacu bowo, de Kliastitzy, de la Drissa et d'Ekau.
— — Opérations du prince de Schwartzenberg (corps autri chien et 7e corps) ; le général Tormassoff pren Kobryn et fait prisonnière la brigade saxonne d général Klengel ; bataille de Gorodetschna ; l 3e armée russe se retire sur Ratno.
— — Bataille de Gorodetschna.

CHAPITRE II. — Suite de l'année 1812.

Russie. — Bataille de Smolensk. — L'armée française occupe cett ville le 18.

Russie. — Opérations des 2e, 6e et 10e corps de l'armée française : combat de Swolna; bataille de Polotzk, le 18; combats de Grafenthal, de Sanct-Olaï, etc.

— — Mouvements du corps autrichien sous les ordres du prince de Schwartzenberg, et du 7e corps de l'armée française; le général Tormassoff en position derrière le Styr.

— — Marche de l'armée française sur Moscou; incendie de cette ville.

— — Suite de l'occupation de Moscou.

— — Suite des opérations des 2e et 10e corps; combat de Garosen.

— — Expédition du général russe Hortel en Lithuanie.

— — Jonction des armées russes dites de Volhynie et de Moldavie; retraite du prince de Schwartzenberg; l'amiral Tschitschagoff cantonne ses troupes sur le Bug; le général Reynier bat le général Essen.

CHAPITRE III. — Suite de l'année 1812.

Russie. — Bataille de Molojaroslawetz.

— — Marche de l'armée sur Smolensk; combat de Viasma.

— — Bataille de Polotsk; combat de Bononia; retraite des 2e et 9e corps de l'armée française; combat de Czarniki; prise de Witepsk par le corps de Wittgenstein.

— — Suite des opérations des armées russes de Volhynie et de Valachie; l'amiral Tschitschagoff s'empare de Minsk; attaque et prise de Borisow; le maréchal Oudinot reprend cette ville; combat de Niemanitza.

— — Evacuation de Smolensk; premier et deuxième combats de Krasnoï.

— — Troisième combat de Krasnoï; beau mouvement rétrograde du maréchal Ney.

— — Le gros de l'armée française continue sa retraite sur la Bérésina.

— — Opération du 10e corps de l'armée française en Courlande et devant Riga; les Russes s'emparent de Friedrichstadt et en sont chassés; combat de Dahlenkirchen, etc.

— — Suite des opérations du corps auxiliaire autrichien et du 7e corps de l'armée française; le général Saken est battu devant Wolkowisk, etc.

— — Passage et bataille de la Bérésina.

— — Suite de la retraite de l'armée française; Napoléon remet le commandement au roi de Naples et part pour la France; évacuation de Wilna; les Français repassent le Niémen, etc.

— — Retraite du prince de Schwartzenberg; derniers mouvements du maréchal Macdonald; trahison du général prussien York; défection du général Massenbach;

le maréchal Macdonald se retire sur Kœnigsberg; position de l'armée française au 31 décembre, fin de la campagne.

Cinquième coalition. — Guerre d'Allemagne.

CHAPITRE PREMIER. — Année 1813.

Allemagne. — Suite de la retraite de l'armée française de Russie; évacuation de Kœnigsberg; le roi de Naples renforce la garnison de Dantzig.
— — Le prince Eugène prend le commandement de l'armée sur la Vistule.
— — Préparatifs hostiles de la Prusse.
— — Les Français abandonnent la ligne de la Vistule, etc.; défection de la Prusse.
— — Evacuation de Dresde; affaire de Lünebourg; combat de Mockern.
— — Capitulation des places de Thorn, Spandau et Gzentoschau.
— — Napoléon quitte Paris pour se mettre à la tête de sa nouvelle armée; combats de Wettin, de Halle, de de Mersebourg; position respective des deux armées; combats de Weissenfels.

CHAPITRE II. — Suite de l'année 1813.

Allemagne. — Bataille de Lutzen.
— — L'armée française entre à Dresde, et celle des alliés se retire à Bautzen.
— — Batailles de Bautzen et Wurschen.
— — Combat de Reichenbach.
— — Affaire de Haynau.
— — Armistice.
— — Mouvements du 12e corps français; entreprise des partisans ennemis sur les derrières de l'armée française.
— — Opérations sur l'Elbe inférieur; affaire de Zollenspicker, de Wilhembourg et Reiderstiegerland; occupation de Hambourg par les troupes françaises.
— — Déblocus de Glogau.
— — Préparatifs de la Prusse et de la Russie pour rouvrir la campagne.
— — Suite des négociations entre la France et l'Autriche.
— — Forces respectives des armées française et alliée au moment de la dénonciation de l'armistice.

CHAPITRE III. — Suite de l'année 1813.

Allemagne. — Mouvements respectifs des Français et des alliés.
— — Napoléon reprend l'offensive sur l'armée alliée de Silésie; combat de Goldberg.
— — Bataille de la Katzbach.
— — Attaque et bataille de Dresde; l'armée alliée se retire sur la Bohême.

Allemagne. — Bataille de Kulm.
— — Mouvements des 4e, 7e et 12e corps français surB erlin; combat de Gross-Beeren ; affaire de Lübnitz.
— — Le maréchal Ney remplace le maréchal Oudinot dans son commandement; bataille de Juterbogk.
— — Opérations en Lusace et sur les frontières de la Bohême, etc.
— — Mouvements des alliés sur les derrières de l'armée française.
— — Opérations sur le bas Elbe; combat de Goherde.
— — Position des armées française et alliée à la fin de septembre; passage de l'Elbe par le général Blücher et le prince royal de Suède.
— — Napoléon marche sur l'armée de Silésie et sur celle du prince royal de Suède; combat de Dessau.
— — L'armée française se rapproche de Leipzig; jonction du 13e corps; combat de Wachau.

CHAPITRE IV. — Suite de l'année 1813.

Allemagne. — Bataille de Wachau.
— — Bataille de Leipzig.
— — Retraite de l'armée française.
— — Bataille de Hanau.
— — L'armée française repasse le Rhin.
— — Suite des opérations sur l'Elbe inférieur; reddition de Brême; le général Woronzoff forme le blocus de Hambourg; armistice conclu par les troupes danoises.
— — Invasion de la Hollande par les alliés; le général Molitor se retire derrière la Meuse; affaire de Neuss.
— — Combat de Dresde; le maréchal Gouvion-Saint-Cyr capitule dans cette ville; violation de la capitulation par les alliés.
— — Capitulation des places de Stettin, Torgau, Zamose et Modlin.
— — Siège et capitulation de Dantzig.

Cinquième coalition. — Guerre d'Italie.

CHAPITRE V. — Suite et fin de l'année 1813.

Italie. — Situation défensive du royaume d'Italie.
— — Le prince Eugène organise une armée d'observation.
— — Mouvements de l'armée d'Italie sur les frontières du royaume.
— — Les Autrichiens envahissent l'Illyrie, la Croatie et la Dalmatie.
— — Affaires de Villach, de Feistriz, etc.
— — Suite des mouvements de l'armée d'Italie; déploiement de l'armée autrichienne; affaire de San-Marein ; combats de Weichselburg, de Jelschane, Fiume, etc.

Italie. — Nouvelle organisation de l'Italie; mouvements des Autrichiens sur la Save et la Drave; affaires de San-Hermagor, de Tshernuz, de Czirknitz, etc.

— — Retraite de l'armée d'Italie sur l'Isonzo, affaire de Saffnitz.

— — Opérations dans le Tyrol; l'armée d'Italie continue sa retraite sur le Tagliamento.

— — Combats de Volano et de San-Marco; affaire devant Bassano; le vice-roi repasse la Brenta et l'Adige.

— — Progrès des Autrichiens en Istrie et en Dalmatie; prise de Trieste; dispositions pour la défense de Venise.

— — Position et force de l'armée d'Italie sur l'Adige; mouvement vers Roveredo.

— — Combat de Caldiero.

— — Combat de San-Michele.

— — Débarquement d'un corps d'Autrichiens et d'Anglais vers les embouchures du Pô; reprise de Ferrare sur l'ennemi.

— — Suite des opérations de l'aile droite de l'armée d'Italie; combats de Rovigo et de Boara.

— — Nouvelles dispositions du prince vice-roi; progrès des Autrichiens dans la Romagne; débarquement des Anglais sur les côtes de Toscane, etc.

— — Les Autrichiens achèvent d'envahir la Dalmatie; prise de Zara, etc.

— — Blocus de Venise; situation de l'armée d'Italie au 31 décembre.

Continuation de la guerre d'Espagne.

CHAPITRE VI. — Suite et fin de l'année 1813.

Espagne. — Grand mouvement offensif de l'armée anglo-portugaise; lord Wellington tourne la ligne du Duero.

— — Retraite de l'armée française sur l'Ebre.

— — Bataille de Vittoria.

Espagne. — L'armée française évacue le territoire espagnol.

— — Evénements militaires en Catalogue, en Aragon et dans le royaume de Valence; combats d'Yecla, de Biar et de Castalla.

— — Le maréchal Suchet force les Anglais à abandonner le siège de Tarragone.

— — Combat de Jucar.

— — Prise du fort de Requena.

— — Combat de Banolas.

— — Le maréchal Soult prend le commandement de l'armée française dans les Pyrénées.

— — Commencement du siège de Saint-Sébastien.

Espagne. — L'armée française reprend l'offensive; combat de Çubiry.

— — Suite du siège de Saint-Sébastien.

— — Nouveau mouvement offensif de l'armée française pour débloquer Saint-Sébastien; affaire d'Irun.

— — Occupation de la ville de Saint-Sébastien par les alliés.

— — Retraite de l'armée française sur la rive droite de la Bidassoa; affaire de Berra.

— — L'armée alliée passe la Bidassoa et s'empare des postes de la Croix-des-Bouquets et de la Baïonnette.

— — Capitulation de Pampelune; le maréchal Soult fortifie la ligne occupée par l'armée dans les Pyrénées.

— — L'armée alliée attaque l'armée française dans ses lignes.

— — Affaires sur la Nive; bataille de Saint-Pierre d'Irube.

— — Position respective des deux armées française et alliée à la fin de décembre.

— — Suite des opérations militaires dans l'est de l'Espagne; le maréchal Suchet se retire sur la Catalogne.

— — Affaire sur le Llobregat.

— — Combat du col d'Ordal.

Sixième coalition. — Guerre de France.

CHAPITRE PREMIER. — Année 1814.

France. — Négociations entamées avec l'Espagne et avec les puissances coalisées.

— — Mesures préparatoires de Napoléon.

— — Plan d'invasion des alliés; force et emplacement de leurs armées.

— — Insurrection de la Hollande et invasion de ce pays par l'armée du prince royal de Suède.

— — Force et emplacement des armées françaises au 31 décembre 1813.

— — Mouvements des armées alliées depuis le Rhin jusque dans les hautes vallées de la Marne et de la Seine.

— — L'armée alliée dite de Silésie passe le Rhin.

— — Passage du Rhin par le corps d'armée russe du général Wintzingerode; retraite du maréchal Macdonald jusqu'aux anciennes frontières de France.

— — Suite des opérations militaires sur la frontière de la Hollande et en Belgique; défense d'Anvers.

— — Le général Maison se rapproche des frontières de France et manœuvre contre l'ennemi.

— — Surprise de Berg-op-Zoom; belle défense de la garnison de cette place; défaite des Anglais.

— — Derniers mouvements des troupes françaises et alliées en Belgique.

CHAPITRE II. — Suite de l'année 1814.

France. — Dernières mesures prises par Napoléon avant de quitter Paris pour se mettre à la tête de l'armée réunie sous Châlons.

— — L'impératrice Marie-Louise est nommée régente.

— — Combat de Brienne.

— — L'armée ennemie se concentre à Trannes.

— — Bataille de la Rothière.

— — L'armée française se retire sur Troyes.

— — Ouverture du congrès de Châtillon.

— — Entrée des alliés à Troyes.

— — Dispositions prises par l'empereur pour défendre le passage de la Seine à Nogent, Montereau et Auxerre.

— — Opérations du maréchal Macdonald; défense de Châlons et de Vitry; les Français évacuent ces deux villes; retraite successive des troupes du maréchal sur Epernay, Château-Thierry, la Ferté-sous-Jouarre et Meaux.

— — Combat de Vauchamps.

— — Retraite de l'armée de Silésie au delà de Châlons.

— — Prise de Soissons par le général russe Wintzingerode.

— — Marche de la principale armée alliée sur Fontainebleau et Nangis; combats de Sens, de Nogent, de Cuterelles.

— — Les maréchaux Oudinot, Victor et Macdonald concentrent leurs troupes sur l'Yères.

CHAPITRE III. — Suite de l'année 1814.

France. — Napoléon reprend l'offensive sur la grande armée des alliés.

— — Combat de Mormant et de Valjouan.

— — Combat de Montmirail.

— — Combat de Montereau.

— — Reprise de Provins.

— — L'armée française reçoit une nouvelle organisation.

— — Combat de Méry.

— — L'armée française entre dans Troyes.

— — Conférences de Lusigny.

— — Nouveau plan d'opérations des alliés.

— — Napoléon prend la résolution de marcher une seconde fois contre l'armée de Silésie.

— — Combats de Dolencourt et de Bar.

— — L'armée de Silésie s'avance vers Paris par la vallée de la Marne; le maréchal Mortier se réunit au maréchal Marmont à la Ferté-sous-Jouarre.

— — Retraite des deux maréchaux; combat de Meaux.

— — Les maréchaux Mortier et Marmont demandent des renforts au conseil de régence.

— — Combat de Gué-à-Trême.

France. — Combat de Lizy.
— — L'ennemi s'empare de la Fère.
— — Napoléon s'avance sur les derrières de l'armée de Silésie et passe la Marne à la Ferté.
— — Le feld-maréchal Blücher se retire sur l'Aisne; combat de Neuilly-Saint-Front.
— — Capitulation de Soissons.
— — Jonction des deux armées du Nord et de Silésie.
— — Reprise de Reims sur les alliés.
— — Combat et bataille de Craonne.
— — Attaque infructueuse faite par l'armée française sur Laon.
— — L'armée française se retire sur Soissons.
— — Les alliés rentrent dans Reims et en sont chassés une deuxième fois.
— — Poursuite de l'ennemi sur Berry-au-Bac; reprise de Châlons et d'Epernay par les Français.
— — La grande armée alliée reprend l'offensive; combats de Bar et de la Ferté.
— — Affaire des ponts de la Barce.
— — L'armée française, retirée sous Troyes, abandonne cette ville.
— — Rupture du congrès de Châtillon.
— — Suite de la retraite du maréchal Macdonald; ce maréchal prend une ligne de défense sur la Seine.
France. — La grande armée alliée se concerte sur Arcis.
— — Le maréchal Macdonald continue sa retraite sur Provins.
— — Marche de Napoléon sur l'Aube.
— — Combats de Fère-Champenoise, de Plancy et de Méry.
— — Affaire d'Arcis.
— — L'armée française marche sur Saint-Dizier.
— — Les maréchaux Mortier et Marmont cherchent, d'après les ordres de Napoléon, à se rapprocher de lui.

CHAPITRE IV. — Suite de l'année 1814.

Italie. — Défection du roi de Naples.
— — La liberté est rendue au pape Pie VII.
— — L'armée franco-italienne se retire sur le Mincio.
— — Bataille du Mincio.
— — Affaires de Borghetto, de Salo et de Gardone.
— — Les Français attachés au service du roi de Naples l'abandonnent.
— — Evacuation de la Toscane et des États romains par les Français.
— — Le vice-roi détache le lieutenant général Grenier sur le Pô et sur le Taro; combat de Guastalla.
— — Combat de Parme.
— — Affaire de Sostinente.
— — Les Napolitains occupent Reggio.

Italie. — Débarquement d'un corps anglo-silicien en Toscane.
— — Commencement des opérations dans le sud-est de la France. Le général autrichien comte Bubna se porte de Genève sur Lyon.
— — Le maréchal Augereau prend le commandement d'un corps d'armée français sur le Rhône.
— — Conduite timide du comte Bubna.
— — Les Autrichiens envahissent la Savoie.
— — Retraite du général Desaix sur l'ancienne frontière de France; combat des Echelles.
— — Affaire du fort Barraux.
— — L'ennemi s'empare de Chalon et du pays compris entre l'Ain et la Saône.
— — Le maréchal Augereau reprend l'offensive.
— — Les Français rentrent en Savoie.
— — Affaire d'Aix et d'Annecy; combat du pont de la Caille.
— — Napoléon blâme le plan d'opération du maréchal Augereau.
— — Combat de Saint-Julien sous Genève.
— — De nombreux renforts ennemis s'avancent sur la Saône; combat de Poligny.
— — Combat de Mâcon.
— — Le maréchal Augereau se replie sur Lyon; bataille de Limonest.
— — L'armée française évacue Lyon et se retire sur l'Isère.
— — Les Français abandonnent une seconde fois la Savoie.
— — Opérations militaires sur la ligne des Pyrénées; position des armées du maréchal Soult et de Wellington.
— — Les alliés passent les Caves.
— — Bataille d'Orthez.
— — Retraite de l'armée française; combat d'Aire.
— — Passage de l'Adour par les Anglais au-dessous de Bayonne.
— — Un comité royaliste formé à Bordeaux propose aux Anglais de marcher sur cette ville.
— — Le maréchal Beresford entre à Bordeaux.
— — Le maréchal Soult veut manœuvrer sur la droite de l'armée alliée.
— — L'armée française se replie sur Tarbes.
— — Affaire sur Maubourguet; combat de Vic-Bigorre.
— — Combat de Tarbes.
— — Position respective des armées française et alliée en Catalogne.
— — Attaque du pont de Molins-del-Rey.
— — Les Espagnols surprennent les places de Lérida, Méquinenza et Monzon.
— — L'armée française se replie sur Figuières.
— — Le roi Ferdinand est rendu aux Espagnols.

CHAPITRE V. — Suite de l'année 1814.

France. — L'Angleterre médite la restauration des Bourbons.
— — Situation intérieure de la France.
— — Les alliés marchent sur Paris : double combat de Fère-Champenoise.
— — Combats de Sézanne et de Chailly.
— — Combats de la Ferté-Gaucher et de Moutis.
— — Combats de Trilport et de Meaux.
— — Combat de Montsaigle près de Ville-Parisis.
— — Passage de la Marne par la grande armée alliée.
— — Topographie du champ de bataille sous les murs de Paris ; situation de cette capitale au 26 mars.
— — Mesures de défense arrêtées.
— — Dispositions d'attaque des alliés.
— — Bataille de Paris.
— — Le roi Joseph quitte le champ de bataille de la capitale.
— — Derniers moments de la bataille.
— — Le maréchal Marmont demande une suspension d'armes pour traiter une capitulation.
— — Arrivée d'un aide de camp de Napoléon auprès du maréchal Mortier.

CHAPITRE VI. — Suite de l'année 1814.

France. — Députation des préfets et du corps municipal aux souverains alliés.
— — Agitation des partis dans Paris.
— — Entrée des alliés à Paris.
— — Le conseil municipal émet le vœu du rappel des Bourbons au trône de France ; nomination d'un gouvernement provisoire.
— — Le Sénat prononce la déchéance de Napoléon.
— — Dernières opérations de la grande armée française ; affaire d'Hoiricourt.
— — Combat de Saint-Dizier.
— — L'armée française revient sur Fontainebleau ; Napoléon part en poste pour Paris.
— — L'armée française prend position sur la rivière d'Essonnes.
— — Abdication conditionnelle de Napoléon.
— — Défection du maréchal Marmont.
— — Marche du corps d'armée du maréchal Marmont sur Versailles.
— — Négociations des maréchaux chargés de porter aux souverains alliés l'abdication de Napoléon.
— — Constitution délibérée par le Sénat.
— — Abdication définitive de Napoléon.
— — Armistice ; insurrection des troupes du maréchal Marmont à Versailles.

France. — Le comte d'Artois fait son entrée dans Paris.
— — Dernières opérations militaires sur la frontière du nord ; combat de Courtray.
— — Opérations du corps d'armée aux ordres du maréchal Augereau; combats de Voiron, de Voreppe et d'Aiguebelle.
— — Derniers événements militaires en Italie.
— — Combat de la Sturla.
— — Dernières opérations de l'armée des Pyrénées; bataille de Toulouse.
— — Rentrée de l'armée de Catalogne sur le territoire français.
— — Soumission des deux armées au gouvernement provisoire.
— — Convention militaire du 23 avril.
— — Arrivée du roi Louis XVIII en France et son entrée à Paris.
— — Traité de paix avec les quatre grandes puissances alliées.
— — Défense de Bayonne; belle sortie de la garnison de cette place.
— — Relation du siège de Soissons.

Guerre d'Espagne.

Espagne. — Blocus et défense de la place Santona.

Guerre des Antilles.

Antilles. — Précis des événements militaires dans les colonies et sur mer, depuis 1809 jusqu'à la paix de 1814. — Attaque de la Martinique par les Anglais, et reddition de cette colonie.
— — Evénements maritimes dans le cours de l'annéc 1809.

Guerre de la mer des Indes.

Mer des Indes. — Prise des îles de France et de Bourbon par les Anglais.
— — Combat naval dans la rade de Port-Royal, à l'île de France.
— — Reddition de l'île de France.

Septième coalition. — Campagne des Cent-Jours.

CHAPITRE PREMIER. — Année 1815.

France. — Conduite du ministère royal.
— — Napoléon quitte l'île d'Elbe pour rentrer en France.
— — Napoléon débarque à Cannes sur les côtes du département du Var et s'avance dans l'intérieur.

France. — Rencontre d'un détachement de la garnison de Grenoble; première défection des troupes royales.
— — Entrée de Napoléon à Grenoble.
— — On apprend à Paris la nouvelle du débarquement de Cannes; premières mesures arrêtées par le gouvernement.
— — Entrée et séjour de l'empereur à Lyon.
— — Nouvelles mesures du gouvernement; faux bruit de la défaite de Napoléon.
— — Affaire du général Exelmans.
— — Complot de quelques officiers généraux pour faire marcher leurs troupes sur Paris.
— — Vaine tentative des généraux Lallemand frères pour s'emparer de l'arsenal de la Fère.
— — Formation d'une armée sous Paris.
— — Séance royale.
— — Défection du maréchal Ney.
— — Napoléon continue à s'avancer sur Paris.
— — Départ du roi.
— — Défection des troupes sous Paris; insurrection à Saint-Denis d'un corps d'officiers à demi-solde.
— — Aspect de Paris avant l'entrée de Napoléon.
— — Napoléon arrive au palais des Tuileries.

CHAPITRE II. — Suite de l'année 1815.

France. — Napoléon réorganise le gouvernement impérial et passe les troupes en revue aux Tuileries.
— — Tentatives infructueuses des maréchaux Oudinot et Victor pour arrêter la défection des troupes sous leurs ordres.
— — Retraite du roi vers la frontière du Nord.
— — Le roi quitte la France.
— — Retraite du comte d'Artois et du duc de Berry; marche de la maison militaire du roi sur Armentières.
— — La maison du roi est licenciée.
— — Mission du duc de Bourbon dans les départements de l'Ouest; rassemblement partiel des Vendéens à Beaupréau.
— — Le duc de Bourbon s'embarque pour l'Espagne.
— — Voyage du duc et de la duchesse d'Angoulême à Bordeaux.
— — Le duc d'Angoulême se rend en Languedoc pour y organiser une armée royale.
— — Voyage du prince en Provence.
— — Etablissement d'un gouvernement royal provisoire à Toulouse.
— — Formation de l'armée royale.
— — L'armée royale entre en campagne.
— — Combat de Montélimart.

France. — Combat de Loriol.
— — Progrès de l'armée royale.
— — Opération à l'aile droite de l'armée royale.
— — Mesures prises par Napoléon pour paralyser le mouvement insurrectionel du Midi.
— — Le duc d'Angoulême apprend la défection d'une grande partie de ses troupes de ligne et se détermine à la retraite.
— — Négociation entre les deux partis.
— — Convention de la Palud.
— — Le général en chef Grouchy refuse de ratifier la capitulation avant d'avoir reçu les ordres de Napoléon à ce sujet et fait garder à vue le duc d'Angoulême.
— — Napoléon approuve la capitulation.
— — Le duc d'Angoulême s'embarque au port de Cette pour se rendre en Espagne.
— — Suite du séjour de la duchesse d'Angoulême à Bordeaux; le général Clauzel marche sur cette ville.
— — La duchesse harangue les troupes de la garnison.
— — La duchesse d'Angoulême quitte Bordeaux et s'embarque à Pouillac.
— — Soumission de la Provence et de Marseille; pacification générale du Midi.

CHAPITRE III. — Suite de l'année 1815.

France. — Congrès de Vienne.
— — Déclaration des plénipotentiaires des puissances alliées.
— — Traité d'alliance offensive et défensive conclu entre la Russie, l'Autriche et la Prusse.
— — Le roi de Naples déclare la guerre à l'Autriche.
— — Nouvelle organisation de l'armée française.
— — Augmentation des forces militaires.
— — Mesures et préparatifs de Napoléon pour entrer en campagne.
— — Etat de l'opinion publique en France.
— — Acte additionnel aux constitutions de l'empire.
— — Travaux de défense de Paris.
— — Nouveaux troubles dans les départements de l'Ouest.
— — Défaite totale de l'armée napolitaine; le roi Murat, expulsé de ses Etats, vient chercher un asile en France.
— — Champ de Mai, acceptation de l'acte additionnel.

CHAPITRE IV. — Suite de l'année 1815.

France. — Suite des événements militaires dans la Vendée; combat de l'Aiguillon.

France. — Le gouvernement envoie des négociateurs pour pacifier les départements insurgés.
— — Affaires d'Aizenay.
— — Le marquis de la Rochejacquelein rejette les propositions des négociateurs.
— — Les principaux chefs vendéens licencient leurs troupes.
— — Combat de Saint-Gilles.
— — Combat de Mathes.
— — Dispersion de presque tous les rassemblements royalistes de l'Ouest.
— — Nomination des membres de la Chambre des pairs.
— — La Chambre des représentants se réunit et se constitue.
— — Ouverture du Corps législatif.
— — Napoléon part de Paris pour se mettre à la tête des troupes.
— — Situation des différentes armées françaises.
— — Plan de campagne adopté par Napoléon.
— — Ordre du jour du maréchal Soult, major général.
— — Mouvement des différents corps de l'armée française sur la frontière du Nord.
— — Proclamation de Napoléon aux troupes de son armée.
— — Emplacement et force des deux armées alliées, prusso-saxonne et anglo-hollandaise.
— — L'armée française ouvre la campagne et repousse les avant-postes prussiens.
— — Bataille de Ligny; combat des Quatre-Bras.
— — Suites de la bataille de Ligny; mouvements de l'armée française.
— — L'armée anglo-hollandaise se retire sur la forêt de Soignies.
— — Retraite de l'armée prusso-saxonne sur Wavre.
— — Position respective des armées dans la nuit du 17.
— — Alarme répandue à Bruxelles.
— — Bataille de Mont-Saint-Jean ou de Waterloo.

CHAPITRE V. — Suite de l'année 1815.

France. — Opérations du général Grouchy devant Wavre; sa retraite par Namur et Dinant.
— — Napoléon quitte l'armée pour se rendre à Paris.
— — Effet que produit dans Paris le retour de Napoléon.
— — Message de Napoléon aux deux Chambres.
— — Abdication de Napoléon.
— — Débats dans les deux Chambres; nomination d'une commission provisoire de gouvernement.
— — Situation de l'armée française battue à Waterloo.
— — Suite des opérations militaires dans les départements de l'Ouest; combat de la Roche-Servières; traité de pacification avec les chefs de l'insurrection vendéenne.

France. — Opérations de l'armée française dite des Alpes; suspension d'armes.
— — Adresse de Napoléon à l'armée française.
— — Les armées anglaise et prussienne s'avancent sur Paris.
— — Le gouvernement provisoire envoie des plénipotentiaires aux puissances alliées pour traiter de la paix.
— — Commissaires nommés pour négocier un armistice avec les généraux en chef Wellington et Blücher.
— — L'armée française du Nord prend position sous Paris.
— — Napoléon, gardé à vue au château de la Malmaison, propose au gouvernement provisoire de se mettre à la tête de l'armée pour repousser les alliés; il est refusé.
— — Napoléon quitte la Malmaison pour aller s'embarquer à Rochefort.
— — Le maréchal prince d'Eckmühl sollicite une suspension d'armes.
— — Les généraux alliés refusent la suspension d'armes demandée.
— — L'armée française se dispose à reprendre l'offensive.
— — Combat de Sèvres.
— — Le gouvernement provisoire délibère sur la reddition de Paris.
— — Conseil de guerre tenu à la Villette.
— — Mouvements dans Paris et dans l'armée au sujet de la capitulation.
— — Proclamation adressée aux Français par le gouvernement provisoire.
— — L'armée française se retire sur la Loire.
— — Le roi Louis XVIII s'approche de Paris.
— — Issue de la mission des plénipotentiaires français auprès des souverains alliés.
— — Le duc d'Otrante rend compte de son entrevue avec le duc de Wellington.
— — Les alliés entrent dans Paris.
— — Dissolution du gouvernement provisoire et des deux Chambres législatives.
— — Retour du roi dans la capitale.
— — Napoléon se met au pouvoir des Anglais.

CHAPITRE VI. — Suite de l'année 1815.

France. — Dernières opérations de l'armée française dite des Alpes.
— — Mouvements du corps d'observation commandé par le général Lecourbe; combat sous Belfort; suspension d'armes.
— — Opérations du corps du général Rapp sur le Rhin; combats sur la Suffel; affaire de Hausbergen.

France. — Insurrection à Strasbourg; licenciement de l'armée du Rhin.
— — Siège et reddition d'Huningue.
— — Licenciement de l'armée française.
— — Les puissances alliées relèguent Napoléon dans l'île de Sainte-Hélène.

L'histoire des guerres de la Révolution française et du premier Empire est une des lectures les plus attachantes que nous connaissons. Un pareil ouvrage a sa place marquée dans toutes les bibliothèques, aussi bien dans celle du patriote que dans celle du savant et du travailleur.

C'est cette grande histoire des guerres gigantesques de la fin du dernier siècle et du commencement de celui-ci que les auteurs ont léguée à leur patrie; c'est donc un devoir pour tous de propager et répandre cette grande œuvre qui, commencée dans les plaines de Valmy et de Jemmapes, s'arrête frissonnante sur le champ de bataille de Waterloo, commençant au moment terrible où Carnot organisait la victoire, pour en arriver à l'heure où nos armées, partout triomphantes, prenaient d'assaut toutes les capitales du vieux monde, et où nos aigles victorieuses planaient fièrement au-dessus des champs de bataille.

C'est l'œuvre d'une société d'écrivains *militaires* et *civils* représentant l'honneur et le courage. Cet ouvrage est imprimé d'après les documents manuscrits consultés pour la rédaction des campagnes. C'est l'œuvre la plus impartiale donnant les documents les plus irréfutables sur notre histoire nationale.

A. de B.

CARTES ET PLANS CONTENUS DANS L'OUVRAGE

PREMIER VOLUME

Siège de Longwy. — Combat de Valmy. — Duché de Savoie et comté de Nice. — Bombardement de Lille. — Bataille de Jemmapes. — Carte des environs de Nantes. — Siège de Mayence. — Siège de Valenciennes. — Bataille de Hondschoote. — Lignes de Wissembourg. — Bataille de Wattignies. — Carte de la Vendée. — Siège de Toulon. — Combat de Savenay. — Bataille de Tourcoing.

2e VOLUME

Carte générale pour l'intelligence des campagnes de 1792 et 1793. — Siège d'Ypres. — Siège de Charleroi. — Bataille de Fleurus. — Siège de Landrecies. — Siège de Nieuport. — Siège de Bastia. — Partie occidentale des Pyrénées. — Siège du Quesnoy. — Siège de l'Ecluse. — Combat de Kaiserslautern. — Bataille d'Aldenhoven. — Siège de Bois-le-Duc. — Siège de Venloo. — Carte du cours du Rhin depuis Strasbourg jusqu'à Mayence. — Siège de Maestricht. — Siège de Nimègue. — Hollande. — Plan du siège de Roses en 1808. — Partie orientale des Pyrénées. — Luxembourg. — Carte de la Vendée et de tout le pays insurgé en mars 1793. — Quiberon.

3e VOLUME

Bataille de Loano. — Province du Berry. — Carte pour servir à l'intelligence de la suite des opérations militaires en Italie. — Carte pour l'intelligence des batailles de Montenotte, Millesimo et Mondovi. — Archipel des Antilles. — Carte pour l'intelligence des opérations de l'armée de Sambre-et-Meuse. — Carte pour l'intelligence des opérations de l'armée de Rhin-et-Moselle. — Affaires de Rastadt et d'Ettlingen. — Bataille de Castiglione. — Bataille de Neresheim. — Carte pour les opérations de l'armée de Sambre-et-Meuse entre la Lahn et le Mayn.

4e VOLUME

Carte des opérations de Serravalle, Roveredo, Bassano, Cerca et Castellaro. — Bataille de Vürtzburg. — Bataille de Biberach. — Ile de Corse. — Combats à Emmendingen et à Freyburg. — Bataille de Schliengen. — Bataille d'Arcole. — Carte de la baie de Bantry. — Attaques de Kehl. — Bataille de Rivoli. — Mantoue. — Attaque de la tête du pont d'Huningue. — Plan de la bataille de Neuwied. — Carte d'une partie de la Suisse. — Plan de la ville de Rome.

5e VOLUME

Carte topographique de l'île de Malte. — Ports et ville de Malte. — Alexandrie. — Plan de la bataille des Pyramides. — Plan du Caire. — Carte de la basse Egypte. — Carte de la haute Egypte. — Vue des Pyramides de Giseh. — Carte d'une partie du royaume de Naples. — Plan de la ville de Naples et de ses environs. — Carte de l'île de Corfou. — Carte de la Syrie. — Plan du siège de Saint-Jean-d'Acre. — Plan de la bataille de la Trebbia. — Plan de la ville et du fort de Corfou.

6e VOLUME

Bataille d'Aboukir. — Bataille de Novi. — Carte de la Suisse. — Carte de la Nord-Hollande. — Passage de la Limmat à Dictikon. — Carte pour la bataille de Zurich. — Plan du siège d'Ancône. — Rivière de Gênes, première partie. — Rivière de Gênes, deuxième partie. — Bataille d'Héliopolis. — Plan des batailles d'Engen, Stockach et de Moeskirch. — Plan de la défense du pont du Var, par Suchet. — Bataille de Biberach et combat de Memmingen. — Plan des environs de Gênes. — Rivière de Gênes, troisième partie.

7e VOLUME

Campagne de l'armée de réserve. — Bataille de Marengo, 4 planches. — Plan des retranchements de Feldkirch. — Bataille de Hohenlinden. — Bataille de Pozzolo. — Carte de l'île d'Elbe. — Combat naval d'Algésiras. — Attaque de la flottille de Boulogne. — Carte de la partie française de Saint-Domingue. — Combat de la Crête-à-Pierrot.

8e VOLUME

Carte pour l'intelligence de l'expédition de Hanovre. — Carte d'une partie des côtes de la France depuis les bouches de l'Escaut jusqu'à l'embouchure de la Somme. — Environs d'Ulm. — Combats de Diernstein. — Plan de la bataille d'Austerlitz. — Catalogne. — Plan du fort de Boulogne. — Combat naval du 22 juillet 1805. — Combat naval de Trafalgar. — Combat naval du 4 novembre 1805. — Carte générale des affaires d'Iéna et d'Auerstadt. — Plan de la bataille d'Iéna. — Plan du combat d'Auerstadt.

9e VOLUME

Bataille de Pultusk. — Plan de la bataille de Preusch-Eylau. — Plan du siège de Dantzig. — Plan de la bataille d'Heilsberg. — Plan de la bataille de Friedland. — Carte générale d'Espagne et de Portugal. — Combat de Rorissa. — Bataille de Vimeiro. — Plan de la bataille de Baylen. — Bataille d'Espinosa de Los Monteros. — Siège de Roses. — Plan du siège de Saragosse.

10e VOLUME

Carte générale de la campagne de 1809. — Carte pour l'intelligence des batailles de Tann et d'Eckmühl. — Plan de la bataille d'Essling. — Plan de la bataille de Wagram. — Cartes des bouches de l'Escaut. — Plan du siège de Girone. — Plan du siège d'Astorga. — Plan du siège de Lerida. — Plan du siège de Ciudad-Rodrigo. — Plan de la baie de Cadix. — Plan du siège de Tortose.

11e VOLUME

Plan du siège de Tarragone. — Plan de la bataille de Mohilew. — Plan de la bataille de Gorodetschna. — Plans des batailles de Smolensk et de Valutina-Gora. — Plan de la bataille de la Moskowa. — Plan de la bataille de Maloiaroslawetz.

12e VOLUME

Bataille de Lutzen. — Plan des batailles de Bautzen et de Wurschen. — Plan pour l'intelligence de la bataille de Dresde. — Plan de la bataille de Leipzig. — Carte pour l'intelligence des batailles et combats de Brienne, de la Rothière, de Trannes, etc. — Carte pour l'intelligence des combats de Champ-Aubert, Montmirail, Château-Thierry, Vauchamps, etc. — Carte pour l'intelligence des batailles et combats de Soissons, Craonne, Laon et Reims. — Plan de la bataille de Paris; de la bataille de Toulouse; du siège de Soissons.

13e VOLUME

Carte de la marche de Napoléon sur Paris. — Plan du combat de Loriol. — Carte générale de la campagne de 1815. — Plan de la bataille de Ligny. — Plan de la bataille de Waterloo.

Nomenclature des planches contenues dans l'Album relatif aux « guerres de la Révolution française et du premier Empire ».

La patrie appelant ses enfants à sa défense. — Bataille de Jemmapes. — Attaque et incendie de Granville. — Le général Furreau aux Ponts-de-Cé. — Défense de la redoute de Monte-Legino sur le Montenotte par le colonel Rampon. — Combat de Cossaria près Millesimo. — Passage du pont de Lodi. — Bataille d'Arcole. — Entrée triomphale des monuments d'Italie. — Bataille de Rivoli. — Bataille de Rivoli. — Préliminaires de la paix de Léoben. — Etablissement de la République cisalpine. — Harangue aux Pyramides. — Bataille des Pyramides. — Révolte du Caire. — Pardon accordé aux révoltés du Caire. — Bataille d'Aboukir (Gros). — Bataille d'Aboukir (Lejeune). — Pestiférés de Jaffa. — Bataille de Zurich. — Passage des Alpes. — Passage du St-Bernard. — Bataille de Marengo (Pajou). — Bataille de Marengo (Lejeune). — Mort de Desaix. — Entrée à Munich. — Matin de la bataille d'Austerlitz. — Bataille d'Austerlitz. — Fin de la bataille d'Austerlitz. — Bataille d'Austerlitz (Espercieux). — Capitulation devant Ulm. — Reddition d'Ulm. — Passage du pont de Landhut. — Mort du général Valhubert. — Passage du pont de Vienne. — Napoléon recevant les clefs de Vienne. — Entrée dans Vienne. — Le maréchal Ney force le pont d'Elchingen. — Bas-relief de la colonne Vendôme. — Entrevue de l'empereur d'Autriche en Moravie. — Entrevue des deux empereurs. — Napoléon honorant le malheur des blessés ennemis. — Harangue de Napoléon à l'armée. — La colonne de Boulogne. — Paix de Presbourg. — Bataille d'Iéna. — Napoléon au tombeau de Frédéric. — Les députés du Sénat à Berlin. — Entrée à Varsovie. — Champ de bataille d'Eylau. — Lendemain de la bataille d'Eylau. — Vue de la galerie d'Agaby. — Distribution des décorations de la Légion d'honneur. — Passage de la Guadarama. — Combat de Sommo-Sierra. — Prise de Madrid. — Prise de Ratisbonne. — Napoléon blessé devant Ratisbonne. — Napoléon à Osterode. — Rentrée dans l'île de Lobau. — Bataille de Wagram. — Bataille d'Ebersberg. — Les soldats de la 76e demi-brigade retrouvant leurs drapeaux dans l'arsenal d'Inspruck. — Derniers moments du duc de Montebello. — Mort du général Colbert. — Le Tribunal apportant au Sénat les drapeaux conquis sur les Autrichiens. — Passage de l'armée de réserve dans le défilé d'Albarède. — Siège et prise de Lerida. — L'Histoire et la Paix. — La Guerre et la Victoire. — La Victoire et la Paix. La grande Mosaïque du Musée. — La Gloire distribuant des couronnes. — Apothéose de la France.

www.ingramcontent.com/pod-product-compliance
Ingram Content Group UK Ltd.
Pitfield, Milton Keynes, MK11 3LW, UK
UKHW020217200726
13856UKWH00004B/1451

9 782013 066921